Sabrina Sue Daniels

MITTAGSGLÜCK
im Glas

EMF

EIN BUCH DER
EDITION MICHAEL FISCHER

IMPRESSUM

Bibliografische Information der Deutschen Bibliothek.

Die Deutsche Bibliothek verzeichnet diese Publikation in der deutschen Nationalbibliografie. Detaillierte bibliografische Daten sind im Internet über http://www.d-nb.de/ abrufbar.

EIN BUCH DER EDITION MICHAEL FISCHER

1. Auflage 2016

© 2016 Edition Michael Fischer GmbH, Igling

Covergestaltung, Layout und Satz: Bernadett Linseisen
Redaktion und Lektorat: Annika Christof
Fotos: Sabrina Sue Daniels, Frankfurt am Main

ISBN 978-3-86355-565-8

Printed in Slovakia

www.emf-verlag.de

INHALT

GLASGEFLÜSTER

Kleine Genussschaufenster mit ganz viel Mmh! und noch mehr Oh!. In meinem Buch findet ihr leckere Rezepte für jeden Anlass, egal, ob herzhaft oder süß. Da das Auge ja bekanntlich mitisst und ich ein absoluter Farbenästhet bin, liegen mir diese kleinen Köstlichkeiten aus dem Glas sehr am Herzen.

Leckeres Essen muss nicht länger in angestaubten Plastikdosen versauern. Im Glas schmeckt das grüne Kräutersößchen oder der Bayrische Brezelsalat gleich nochmal so gut. Bei der Arbeit im Firmenkühlschrank fallen die leckeren Kunstwerke auf und sind das Gesprächsthema jeder Mittagspause.

Kleine Gläserkunde

Für die Rezepte in diesem Buch habe ich Gläser in zwei Größen verwendet. Für den großen Hunger ist ein Glas ab 500 ml Fassungsvermögen perfekt und für kleine Kuchen, Desserts oder Vorspeisen eignet sich ein 290-ml-Glas.

Nicht die passende Größe dabei? Kein Problem, die angegebenen Gläser sind nur Richtwerte, natürlich kann das Glas auch größer sein. Nur ein kleineres solltet ihr nicht verwenden, da gerade bei den Küchlein und Broten die Teigmenge auf das Glas abgestimmt ist. Ihr könnt den Teig aber auch auf mehrere Gläser aufteilen. Für Dips und Dressings sind ganz kleine Gläschen die perfekte Lösung.

Neben den bekannten Weckgläsern könnt ihr jedes Glas benutzen, das euch in die Finger kommt. Leere Marmeladen-, Gurken- oder Smoothie-Gläser eignen sich hierfür besonders gut.

Gut gestapelt ist halb gewonnen

Jetzt geht´s ans Eingemachte. Gerade bei Salaten ist es wichtig, dass die schweren Zutaten, wie z. B. Hülsenfrüchte oder Kartoffeln, ganz unten ins Glas geschichtet werden, da sie sonst die leichten Zutaten zerdrücken. Leichtere Zutaten, wie Blattsalate und kleingeschnippeltes Gemüse und Obst, dürfen es sich gerne in der Mitte gemütlich machen. Ganz oben im Glas tummeln sich Nüsse und federleichte Sprossen. Dips und Dressings am besten erst kurz vor dem Essen ins Glas geben, damit nicht alles in sich zusammenfällt.

Cake by the ocean

Im Einwegglas gebackene Küchlein oder Brote schmecken übrigens auch in der freien Natur bei einem Picknick oder als Wanderproviant einfach unvergleichlich gut und lassen sich wunderbar transportieren. Mal wieder auf der Suche nach einem kleinen Mitbringsel für die nächste Party? Meine kleinen Genussschaufenster sind das perfekte individuelle Gastgeschenk.

Bunt zusammengewürfelt

Erlaubt ist, was gefällt. Ihr mögt z. B. keinen Blattspinat? Kein Problem! Tauscht ihn einfach gegen eure Lieblingszutat aus. Mit der Zeit entwickelt ihr schnell eure eigenen Kombinationen und ihr werdet euch fragen, wie ihr jemals ohne sie auskommen konntet. Viel Spaß beim Experimentieren ...

Eure Sabrina Sue

MAROKKANISCHER
Blumenkohl-Couscous

Zutaten

- ✓ ½ Bund Koriander
- ✓ ½ Bund Schnittlauch
- ✓ 250 g Blumenkohlröschen
- ✓ 4 getrocknete Datteln, entsteint
- ✓ 30 g Pistazien
- ✓ 8 Kirschtomaten
- ✓ 2 EL Olivenöl
- ✓ 1–2 EL Zitronensaft
- ✓ 1 TL Harissa
- ✓ Salz zum Abschmecken

 für 2 Gläser à 290 ml

Zubereitung

1. Koriander und Schnittlauch waschen, trocken tupfen und fein hacken.
2. Die Blumenkohlröschen waschen und in einer Küchenmaschine oder einem Mixer zusammen mit den Kräutern zu einer couscousähnlichen Masse zerkleinern.
3. Die Datteln und Pistazien fein hacken. Die Kirschtomaten waschen, trocknen und vierteln.
4. Die restlichen Zutaten zum Blumenkohl-Couscous geben und vorsichtig unterheben.

Anrichten

Den orientalischen Blumenkohl-Couscous auf 2 Gläser verteilen und mit einem Deckel verschließen.

MEXIKANISCHER
Taco-Salat

 **für 2 Gläser à 500 ml**

Zutaten

- ✓ 50 g Reis
- ✓ 1 Handvoll Rucola
- ✓ 3 Tomaten (150 g)
- ✓ 1 Avocado
- ✓ 2 Lauchzwiebeln
- ✓ 1 kleine Knoblauchzehe
- ✓ ¼ rote Chilischote
- ✓ 4 Stiele Koriander
- ✓ 2–3 EL Limettensaft
- ✓ Salz und Pfeffer zum Abschmecken
- ✓ 80 g Kidneybohnen, aus der Dose
- ✓ 6 EL Mais, aus der Dose
- ✓ 2 EL saure Sahne
- ✓ 2 EL geriebener Gouda
- ✓ 1 Handvoll Tortilla-Chips

Zubereitung

1. Den Reis nach Packungsangabe gar kochen und auskühlen lassen. In der Zwischenzeit den Rucola waschen, trocknen und in mundgerechte Stücke zupfen.

2. Für die Tomaten-Avocado-Salsa die Tomaten waschen und würfeln. Die Avocado halbieren, entkernen, schälen und in Würfel schneiden.

3. Die gewaschenen Lauchzwiebeln in feine Ringe schneiden. Den Knoblauch schälen und ebenso wie die Chilischote und den Koriander fein hacken.

4. Die vorbereiteten Zutaten in eine Schüssel geben und mit Limettensaft sowie Salz und Pfeffer abschmecken.

5. Die Kidneybohnen und den Mais gut abtropfen lassen.

Anrichten

Zuerst den Reis in die Gläser schichten, dann die Kidneybohnen, den Rucola und den Mais dazugeben.

Die Tomaten-Avocado-Salsa auf dem Mais verteilen, mit saurer Sahne toppen, mit geriebenem Käse bestreuen und abschließend mit zerkrümelten Tortilla-Chips garnieren.

WALNUSS-BIRNEN-KÜCHLEIN
mit Ahornsirup

Zutaten

- ✓ 1 Birne (180 g)
- ✓ 100 g Dinkel-Vollkornmehl
- ✓ Mark von 1 Vanilleschote
- ✓ 1 TL Backpulver
- ✓ 50 g gemahlene Walnusskerne
- ✓ 75 g Butter
- ✓ 80 g Ahornsirup
- ✓ 1 Ei (Größe M)
- ✓ 50 ml Milch
- ✓ 4 EL gehackte Walnusskerne
- ✓ 4 EL Ahornsirup

Außerdem:

- ✓ weiche Butter zum Einfetten
- ✓ gemahlene Walnusskerne

 für 4 Gläser à 290 ml

Zubereitung

1. Den Backofen auf 180 °C vorheizen. Die Gläser mit weicher Butter einfetten, mit gemahlenen Walnüssen ausstreuen und zur Seite stellen.

2. Die Birne waschen, trocknen, halbieren, das Kerngehäuse entfernen und das Fruchtfleisch grob würfeln.

3. In einer Schüssel Mehl, Vanilleschotenmark, Backpulver und 50 g gemahlene Walnüsse vermischen.

4. In einer weiteren Schüssel die Butter, den Ahornsirup und das Ei cremig rühren. Die Mehlmischung zusammen mit der Milch unter die cremige Masse heben und zu einem geschmeidigen Teig verrühren.

5. Den Teig in die vorbereiteten Gläser füllen, mit den gehackten Walnüssen und 4 Esslöffeln Ahornsirup garnieren und im heißen Backofen etwa 40 Minuten goldbraun backen. (die Stäbchenprobe durchführen, siehe Tipp)

6. Die Küchlein nach dem Backen auf einem Kuchenrost vollständig auskühlen lassen und dann aus den Gläsern lösen.

Tipps

Um sicherzugehen, dass der Teig gar ist, die Stäbchenprobe machen. Dafür mit einem Holzspießchen in die Mitte der Küchlein stechen. Klebt beim Herausziehen Teig daran, die Küchlein noch einige Minuten backen. Bleibt nichts daran hängen, sind sie fertig.

Die Walnuss-Birnen-Küchlein sind ein perfektes Geschenk für die nächste Geburtstagsparty.

TOMATE-MOZZARELLA-SALAT
mit Sprossen

 für 2 Gläser à 290 ml

Zutaten

- ✓ 125 g gelbe Mini-Tomaten, z. B. Tomberry
- ✓ 125 g Mozzarella
- ✓ 2 Frühlingszwiebeln
- ✓ 2 Stiele Brunnenkresse
- ✓ 30 g Roter-Rettich-Sprossen
- ✓ 2 EL Olivenöl
- ✓ ein paar Spritzer Zitronensaft
- ✓ 1 TL Honig
- ✓ Salz und Pfeffer zum Abschmecken

Zubereitung

1. Die gelben Mini-Tomaten waschen und trocknen. Den Mozzarella grob würfeln.
2. Die gewaschenen Frühlingszwiebeln in feine Ringe schneiden. Brunnenkresse waschen, trocknen und die Blättchen vom Stiel abzupfen.
3. Alle Zutaten in eine Schüssel geben, gut vermischen, mit Salz und Pfeffer abschmecken und anschließend auf die Gläser verteilen.

Tipp

Am besten ein paar Scheiben frisches Brot dazu servieren.

STRAWBERRY *Cheesecake*

Zutaten

Für den Keksboden:

- ✔ 8 Haferflockenkekse (z. B. Hobbits von Brandt)
- ✔ 1 EL Zucker
- ✔ 1 EL geschmolzene Butter

Für die Cheesecake-Creme:

- ✔ 400 g Frischkäse (Doppelrahmstufe)
- ✔ 100 g Zucker
- ✔ 2 Eier (Größe M)
- ✔ 1 TL Speisestärke
- ✔ 1 Päckchen Bourbon-Vanille-Aroma
- ✔ 1 Prise Salz

Für das Strawberry-Sößchen:

- ✔ 350 g Erdbeeren
- ✔ 2 EL Zucker (je nach Süße der Erdbeeren)

Außerdem:

- ✔ Erdbeeren zum Garnieren
- ✔ Waldmeister zum Garnieren

 **für 4 Gläser à 290 ml**

Zubereitung

1. Für den Keksboden die Haferflockenkekse in einen Plastikbeutel geben und mit einem Nudelholz fein zerkrümeln. Die Krümel mit den restlichen Zutaten für den Boden zu einer krümeligen Masse vermischen.

2. Diese auf 4 Gläser verteilen, leicht andrücken und erst mal zur Seite stellen.

3. In der Zwischenzeit den Backofen auf 175 °C vorheizen.

4. Für die Cheesecake-Creme den Frischkäse mit dem Zucker cremig rühren. Die restlichen Zutaten unterrühren, bis die Masse schön cremig ist.

5. Die Cheesecake-Creme auf den Keksböden verteilen und im Backofen etwa 20 Minuten backen. Die Käsekuchen-Masse sollte nach dem Backen fest, aber nicht gebräunt sein. Die Käseküchlein anschließend vollständig auskühlen lassen.

6. Für das Sößchen die Erdbeeren waschen, von den Blättern und dem Strunk befreien und mit dem Zucker pürieren. Die Erdbeeren durch ein Sieb streichen, auf den Käseküchlein verteilen, mit halbierten Erdbeeren und etwas Waldmeister dekorieren und mindestens 1 Stunde kalt stellen.

Tipp

Die Cheesecakes 10 Minuten vor Verzehr aus dem Kühlschrank nehmen, dann schmecken sie am besten.

ASIATISCHER NUDELSALAT
mit Sesam-Tofu-Würfeln

Zutaten

Für den Nudelsalat:

- ✓ 100 g Mie-Nudeln
- ✓ Salz
- ✓ 50 g Buna-Shimeji-Pilze
- ✓ 125 g Pak Choi
- ✓ 1 Knoblauchzehe
- ✓ 1 daumendickes Stück Ingwer (10 g)
- ✓ 100 g Sojasprossen
- ✓ 1 EL Sesamöl
- ✓ 2 EL Limettensaft
- ✓ 2–3 EL Sojasoße, je nach Geschmack

Für die Sesam-Tofu-Würfel:

- ✓ 200 g Tofu
- ✓ 3 EL Mehl
- ✓ 1 Ei (Größe L)
- ✓ 60 g Sesam
- ✓ 2 EL Sojasoße
- ✓ Sesamöl zum Ausbacken

 für 2 Gläser à 500 ml

Zubereitung

1. Für den Nudelsalat die Mie-Nudeln nach Packungsangabe in reichlich Salzwasser bissfest garen. Anschließend in einem Sieb abgießen und beiseitestellen. Die Pilze vorsichtig abbürsten, den Pak Choi waschen und in feine Streifen schneiden. Knoblauchzehe und Ingwer schälen und fein hacken. Die Sojasprossen waschen und trocken schleudern.

2. Für das Nudelsalat-Dressing 1 Esslöffel Sesamöl in einer Pfanne erhitzen. Den Knoblauch darin kurz anbraten. Nun den vorbereiteten Pak Choi, die Pilze und den Ingwer hinzugeben und 3–4 Minuten andünsten. Zum Schluss die gekochten Mie-Nudeln unter den Salat heben und mit Limettensaft und Sojasoße abschmecken.

3. Für die Sesam-Tofu-Würfel den Tofu in mundgerechte Würfel schneiden. Auf drei Tellern jeweils Mehl, das verquirlte Ei und Sesam verteilen. Die Tofu-Würfel in einer Schale mit Sojasoße 20 Minuten marinieren und in Mehl, Ei und Sesam wälzen.

4. Sesamöl in einer Pfanne erhitzen und die Würfel bei mittlerer Hitze 2–3 Minuten goldbraun ausbacken. Die Würfel auf einem mit Küchenkrepp ausgelegten Teller abtropfen lassen.

Anrichten

Den Nudelsalat auf 2 Gläser verteilen und mit den gebackenen Sesam-Tofu-Würfeln garnieren.

APRIKOSEN-ZIEGENKÄSE-SALAT
mit Buchweizen

Zutaten

Für den Salat:

- ✓ 100 g Buchweizen
- ✓ ½ TL Salz
- ✓ 4 Zuckeraprikosen
- ✓ 80 g Blattspinat
- ✓ 50 g Walnusskerne
- ✓ 35 g Ziegenfrischkäse

Für das Aprikosendressing:

- ✓ 2 Zuckeraprikosen
- ✓ 15 g Ziegenfrischkäse
- ✓ 2 EL Zitronensaft
- ✓ Honig zum Abschmecken

 für 2 Gläser à 500 ml

Zubereitung

1. Für den Aprikosen-Ziegenkäse-Salat den Buchweizen waschen, trocknen und in einer Pfanne ohne Öl anrösten, bis er nussig riecht und knackt.

2. In einem kleinen Topf 200 ml Wasser mit dem Salz zum Kochen bringen. Den gerösteten Buchweizen in das heiße Wasser geben. Kurz aufkochen, Hitze reduzieren und den Buchweizen 10–15 Minuten quellen lassen. Anschließend auskühlen lassen.

3. 4 Zuckeraprikosen waschen, entkernen und würfeln. Den Blattspinat waschen, trocknen und zur Seite stellen. Die Walnüsse grob hacken.

4. Für das Aprikosendressing die Aprikosen waschen, entkernen und zusammen mit den restlichen Zutaten und 1 Esslöffel Wasser in einem Mixer fein pürieren. Mit etwas Honig nach Belieben abschmecken.

Anrichten

Den Buchweizen auf den Boden von 2 Gläsern verteilen. Darauf die Aprikosen schichten, dann geht's weiter mit dem Blattspinat und dem Ziegenfrischkäse. Zum Schluss mit dem Aprikosendressing anmachen und mit den gehackten Walnüssen bestreuen.

SCHOKOLADEN-
Kirschküchlein

Zutaten

- ✔ 75 g Zartbitterschokolade
- ✔ 130 g Sauerkirschen, im Glas
- ✔ 150 g Dinkel-Vollkornmehl
- ✔ 2 TL Backpulver
- ✔ 2 EL Kakaopulver
- ✔ Mark von 1 Vanilleschote
- ✔ Salz
- ✔ 80 g Margarine
- ✔ 100 g Rohrohrzucker
- ✔ 2 Eier (Größe M)

Außerdem:
- ✔ Margarine zum Einfetten
- ✔ gehobelte Mandeln
- ✔ Kirschen zum Garnieren

 **für 4 Gläser à 290 ml**

Zubereitung

1. Für die Kirschküchlein den Backofen auf 175 °C Ober-/ Unterhitze vorheizen.

2. Die Gläser mit Margarine einfetten und mit gehobelten Mandeln ausstreuen.

3. Die Zartbitterschokolade grob hacken und zur Seite stellen. Die Sauerkirschen gut abtropfen lassen.

4. Mehl, Backpulver, Kakao, Vanillemark und 1 Prise Salz in einer Rührschüssel gut miteinander vermengen.

5. In einer weiteren Schüssel die Margarine mit dem Rohrohrzucker cremig rühren. Die Eier einzeln unterrühren.

6. Nun die Mehlmischung kurz unterrühren, bis alles gut miteinander vermischt ist. Anschließend die Zartbitterschokolade und die Sauerkirschen vorsichtig unter den Teig heben.

7. Den Teig in die vorbereiteten Gläser füllen und im heißen Backofen 35–40 Minuten backen. Nach dem Backen auf einem Kuchenrost vollständig auskühlen lassen.

8. Die Küchlein vor dem Servieren mit ein paar frischen Kirschen garnieren.

RAINBOW *Bowl*

Zutaten

- ✓ 1 Süßkartoffel (ca. 250 g)
- ✓ 1 EL Olivenöl
- ✓ Salz und Pfeffer
- ✓ 1 Rote Bete (ca. 150 g)
- ✓ 2 kleine Karotten (à 50 g)
- ✓ 1 Avocado
- ✓ Zitronensaft
- ✓ 150 g Kichererbsen, aus der Dose
- ✓ 2 TL gerösteter Sesam

Außerdem:
- ✓ Zitronensaft zum Garnieren
- ✓ Olivenöl zum Garnieren

 für 2 Gläser à 500 ml

Zubereitung

1. Den Backofen auf 220 °C vorheizen.
2. Die Süßkartoffel schälen, würfeln und auf einem mit Back-papier ausgelegten Backblech verteilen. Mit Olivenöl be-sprenkeln, mit Salz und Pfeffer würzen und im heißen Back-ofen 15–20 Minuten backen.
3. In der Zwischenzeit die Rote Bete und die Karotten schälen und mit einem Spiralschneider zu Spaghetti schneiden. Die Avocado schälen, entkernen, würfeln und mit etwas Zitronensaft beträufeln.
4. Die Kichererbsen abtropfen lassen,10 Minuten vor Ende der Backzeit zu den Süßkartoffelwürfeln geben und mitbacken.

Anrichten

Die Süßkartoffeln in die Gläser schichten, dann die Rote-Bete-Spiralen und die Avocado daraufgeben. Weiter geht´s mit den Kichererbsen, danach folgen die Karottenspaghetti und gerös-teter Sesam. Zum Schluss alles mit etwas Zitronensaft und Olivenöl beträufeln.

BAYRISCHER BREZELSALAT
mit roten Rüben

Zutaten

Für den Brezelsalat:

✓ 2 Laugen-Brezeln vom Vortag

✓ 2 Lauchzwiebeln

✓ 4 rote Rettiche (420 g)

✓ 100 g Camembert

Für das Senfdressing:

✓ 2 EL grobkörniger süßer Senf

✓ 2 EL Zitronensaft

✓ 3 EL Olivenöl

 für 2 Gläser à 500 ml

Zubereitung

1. Für den Salat die Brezeln in Scheiben schneiden. Die Lauch-zwiebeln waschen und in feine Ringe schneiden. Die Retti-che waschen, trocknen und in Scheiben schneiden. Den Camembert in grobe Stücke teilen. Die vorbereiteten Zutaten in eine Schüssel geben und beiseitestellen.

2. Für das Dressing alle Zutaten miteinander cremig rühren, zum Brezelmix geben und gut verrühren.

3. Den Brezelsalat auf 2 Gläser verteilen und im Kühlschrank mindestens 30 Minuten ziehen lassen.

MANGO-SPINAT-SALAT
mit Falafel-Bällchen

 für 2 Gläser à 500 ml

Zutaten

Für die Falafel-Bällchen:

- ✓ 1 kleine rote Zwiebel
- ✓ 1 Knoblauchzehe
- ✓ ½ Bund Koriander
- ✓ ½ Bund Schnittlauch
- ✓ 150 g Kichererbsen, aus der Dose
- ✓ 1 Eigelb
- ✓ ½ TL Kurkuma
- ✓ ¼ TL Kreuzkümmel
- ✓ Salz und Pfeffer zum Abschmecken
- ✓ 2 EL Mehl
- ✓ Sonnenblumenöl zum Ausbacken

Für den Joghurt-Limetten-Dip:

- ✓ 100 g Joghurt
- ✓ 2 EL Limettensaft
- ✓ Salz zum Abschmecken

Für den Mango-Spinat-Salat:

- ✓ 1 Mango
- ✓ 80 g Blattspinat
- ✓ 70 g Kichererbsen, aus der Dose

Zubereitung

1. Für die Falafel-Bällchen die Zwiebel und den Knoblauch schälen und fein hacken. Koriander und Schnittlauch waschen, trocknen und grob hacken. Die Kichererbsen abtropfen lassen, in eine Schüssel geben und mit den restlichen Zutaten für die Falafel-Bällchen zu einem geschmeidigen Teig pürieren. Den Teig 30 Minuten ruhen lassen und anschließend mit feuchten Händen zu 8 Bällchen formen.

2. So viel Sonnenblumenöl in einer Pfanne erhitzen, dass die Falafel-Bällchen zur Hälfte bedeckt sind. Darin die Bällchen 4–5 Minuten von allen Seiten goldbraun anbraten. Auf einem mit Küchenkrepp ausgelegten Teller abtropfen lassen.

3. Für den Joghurt-Limetten-Dip den Joghurt mit Limettensaft und Salz cremig rühren. Im Kühlschrank kalt stellen.

4. Für den Mango-Spinat-Salat die Mango schälen, entkernen und mit einem Kugelausstecher Mangobällchen ausstechen. Den Blattspinat waschen und trocken schleudern.

Anrichten

70 g Kichererbsen auf dem Boden der Gläser verteilen, darauf den Blattspinat und die Mangobällchen verteilen. Dann folgen die Falafel-Bällchen und der Joghurt-Limetten-Dip.

THYMIAN-ZUCCHINI-
Vollkornbrot

Zutaten

 für 4 Gläser à 290 ml

- ✓ 300 g Dinkel-Vollkornmehl
- ✓ 1 Päckchen Trockenhefe
- ✓ 1 TL Salz
- ✓ ½ TL Rohrohrzucker
- ✓ 1 EL gehackter Thymian
- ✓ 1 Zucchini (180 g)
- ✓ 2 EL Kürbiskerne
- ✓ 70 g Kräuterfrischkäse

Außerdem:

- ✓ Olivenöl zum Ausstreichen
- ✓ frische Thymianzweige

Zubereitung

1. Mehl, Hefe, Salz, Rohrohrzucker und Thymian in eine große Schüssel geben und gut miteinander vermischen.
2. Die Zucchini waschen, trocknen und grob reiben.
3. 120 ml lauwarmes Wasser, die geriebene Zucchini, Kürbiskerne und Kräuterfrischkäse zur Mehlmischung geben und mit einem Handrührgerät oder der Küchenmaschine zu einem geschmeidigen Teig verarbeiten.
4. Den Teig mit Frischhaltefolie abdecken und an einem warmen Ort 45 Minuten gehen lassen.
5. In der Zwischenzeit die Gläser mit Olivenöl ausstreichen.
6. Den Teig auf einer bemehlten Arbeitsfläche gut durchkneten, in 4 gleich große Stücke teilen und in die Gläser drücken. Die Brote nochmal mit Frischhaltefolie abdecken und weitere 20 Minuten gehen lassen. Den Backofen auf 200 °C Ober-/Unterhitze vorheizen.
7. Den Teig mit etwas Olivenöl bestreichen und im Backofen etwa 35 Minuten goldbraun backen. Nach dem Backen aus dem Ofen nehmen, auf einem Kuchenrost vollständig auskühlen lassen und mit Thymianzweigen dekorieren.

Tipp

Die Brote lassen sich wunderbar verschenken und halten sich im luftdicht verschlossenen Glas bis zu 1 Woche.

KRÄUTERSÖSSCHEN
mit Kartoffeln und Ei

 für 2 Gläser à 500 ml

Zutaten

- ✓ 250 g Drillinge (kleine Kartoffeln)
- ✓ 2 Eier (Größe L)
- ✓ 50 g frische gemischte Kräuter (z. B. glatte Petersilie, Schnittlauch, Kerbel, Brunnenkresse)
- ✓ ¼ rote Zwiebel
- ✓ 280 g Joghurt (3,5 % Fett)
- ✓ 50 g saure Sahne
- ✓ 1–2 TL Dijon-Senf (je nach Geschmack)
- ✓ Salz und Pfeffer zum Abschmecken
- ✓ ¼ Gurke, unbehandelt (150 g)
- ✓ Brunnenkresse zum Garnieren (nach Belieben)

Zubereitung

1. Die ungeschälten Kartoffeln gar kochen und auskühlen lassen. Die Eier gar kochen und kalt abschrecken.
2. In der Zwischenzeit die Kräuter waschen, trocknen und fein hacken. Die Zwiebel schälen und fein hacken.
3. In einer Schüssel den Joghurt mit der sauren Sahne und dem Dijon-Senf cremig rühren.
4. Anschließend die gehackten Zwiebeln und Kräuter unterrühren, mit Salz und Pfeffer abschmecken und kalt stellen.
5. Die Gurke waschen und in feine Scheiben schneiden. Die Kartoffeln halbieren. Die Eier pellen und vierteln.

Anrichten

Das Kräutersößchen auf die Gläser aufteilen, die halbierten Kartoffeln, die Eier und Gurkenscheiben darüberschichten und genießen. Wer möchte, kann das grüne Kräutersößchen auch noch mit Brunnenkresse dekorieren.

PFLAUMEN-OBSTSALAT
mit Blütenpollen

Zutaten

- ✓ 10 rote Pflaumen (300 g)
- ✓ 1 Papaya (320 g)
- ✓ 4 Maracuja
- ✓ 8 Kumquats
- ✓ 10 Kirschen (150 g)
- ✓ 1 EL Orangensaft
- ✓ 2 EL Ahornsirup
- ✓ 5 Blätter Minze
- ✓ 2 EL Blütenpollen

 für 2 Gläser à 500 ml

Zubereitung

1. Das Obst waschen und trocknen. Die Pflaumen und Kirschen entkernen und klein schneiden. Die Papaya schälen, mit einem Löffel die Kerne entfernen und das Fruchtfleisch grob würfeln. Die Kumquats halbieren, das Fruchtfleisch der Maracuja auslöffeln.

2. Das vorbereitete Obst in eine große Schüssel geben und mit dem Orangensaft und dem Ahornsirup beträufeln.

3. Die Minze waschen, trocken tupfen und grob klein zupfen. Ebenfalls über das Obst geben.

4. Anschließend alles gut miteinander verrühren.

5. Zum Schluss die Blütenpollen darüberstreuen und den Salat auf die Gläser verteilen.

Tipp

Mit geschlagener Sahne oder Kokoscreme schmeckt der Obstsalat gleich nochmal so gut.

LINSEN-FENCHEL-SALAT
mit Himbeerdressing

Zutaten

Für den Salat:

- ✔ 125 g Beluga-Linsen
- ✔ 400 g Chicorée
- ✔ 300 g Fenchel
- ✔ 1 Knoblauchzehe
- ✔ 2 EL Olivenöl
- ✔ Salz und Pfeffer

Für das Himbeerdressing:

- ✔ 80 g Himbeeren
- ✔ 1 EL Balsamico
- ✔ 1 EL Olivenöl
- ✔ Honig zum Abschmecken

für 2 Gläser à 500 ml

Zubereitung

1. Für den Linsen-Fenchel-Salat 350 ml Wasser in einem Topf mit ½ Teelöffel Salz zum Kochen bringen. Die Beluga-Linsen in einem Sieb waschen und ins kochende Wasser geben.

2. Auf kleiner Flamme 20–25 Minuten gar kochen.

3. Anschließend das übrige Kochwasser abgießen und die Linsen auskühlen lassen.

4. Für das Himbeerdressing die Himbeeren mit Balsamico und Olivenöl in einem Mixer fein pürieren. Bei Bedarf mit etwas Honig abschmecken.

5. Chicorée und Fenchel waschen, trocknen und in feine Streifen schneiden. Den Knoblauch schälen und ebenfalls fein schneiden.

6. Olivenöl in einer Pfanne erhitzen und den Knoblauch darin glasig anbraten. Dann das vorbereitete Gemüse dazugeben und 2–3 Minuten andünsten. Das Gemüse anschließend mit Salz und Pfeffer abschmecken.

Anrichten

Die Beluga-Linsen auf 2 Gläser verteilen. Darauf folgt das gebratene Gemüse und am Schluss das Dressing.

KALTES ZUCCHINI-MELONEN-
Süppchen

Zutaten

- ✓ 850 g Cantaloupe-Melone
- ✓ 115 g Zucchini
- ✓ 450 g Ananas
- ✓ ½ Stange Zitronengras
- ✓ 1 Stück frischer Ingwer, ca. 3 cm
- ✓ 1 Handvoll Eiswürfel
- ✓ 1 Messerspitze Chili

Außerdem:

- ✓ Zitronengras zum Garnieren
- ✓ 2 Kiwis zum Garnieren

 für **4 Gläser à 290 ml**

Zubereitung

1. Die Melone halbieren und das Fruchtfleisch herauslösen. Die Zucchini waschen und in grobe Stücke schneiden. Die Ananas schälen, den Strunk entfernen und das Fruchtfleisch ebenfalls in grobe Stücke schneiden.
2. Das Zitronengras von den harten Außenblättern befreien. Den Ingwer schälen.
3. Alle Zutaten in einem Mixer fein pürieren. Anschließend 1 Stunde kalt stellen.
4. Für die Deko weiteres Zitronengras in feine Ringe schneiden. Die Kiwis schälen und halbieren.

Anrichten

Das kalte Zucchini-Melonen-Süppchen auf die Gläser verteilen, mit Zitronengras und halbierten Kiwis garnieren und genießen.

RUNZELKARTOFFELN,
Pimientos & Co.

Zutaten

Für die Aioli:

- 2 Knoblauchzehen
- 2 Eigelb
- 50 ml Olivenöl
- 25 ml Sonnenblumenöl

Für die Runzelkartoffeln:

- 350 g Drillinge
  (kleine Kartoffeln)
- 3 EL grobes Meersalz

Für die gebratenen Pimientos:

- 2 EL Olivenöl
- 125 g Bratpaprika

Außerdem:

- 200 g schwarze Oliven
- 100 g eingelegter Feta

Zubereitung

1. Für die Aioli den Knoblauch schälen und fein reiben. Das Eigelb cremig schlagen. Die Öle miteinander vermischen und erst tropfenweise, dann in einem dünnen Strahl unter ständigem Rühren unter das Eigelb schlagen. Zum Schluss den Knoblauch unter die Aioli rühren und kalt stellen.

2. Für die Runzelkartoffeln die Kartoffeln gut waschen, in einen Topf mit Wasser geben, sodass sie zur Hälfte bedeckt sind. Das Meersalz darüberstreuen und ein zusammengefaltetes Küchenhandtuch zwischen Topf und Deckelrand legen.

3. Die Kartoffeln zum Kochen bringen und 20–30 Minuten auf mittlerer Hitze garen, bis kein Wasser mehr im Topf ist. Die Kartoffeln sollten jetzt einen Salzmantel haben und runzelig sein. Die Kartoffeln während der Zubereitung der restlichen Zutaten im Topf warmhalten.

4. Für die gebratenen Pimientos das Olivenöl in einer Pfanne erhitzen, die gewaschenen Bratpaprika dazugegeben und 2–3 Minuten anbraten, bis die Haut Blasen wirft.

Anrichten

Die Kartoffeln auf den Boden eines Glases drapieren. Darauf folgen die Pimientos, die Oliven und der eingelegte Feta. Zum Abschluss mit Aioli beträufeln.

Tipp

Da die Runzelkartoffeln eine salzige Kruste haben, wird bei diesem Rezept kein weiteres Salz benötigt.

WALDBEER-
Tiramisu

 **für 4 Gläser à 290 ml**

Zutaten

- ✓ 300 g Brombeeren
- ✓ 150 g Himbeeren
- ✓ 225 g Mascarpone
- ✓ 75 ml Buttermilch
- ✓ 50 g Puderzucker
- ✓ 6 Löffelbiskuit-Stangen
- ✓ frische Minzblätter

Zubereitung

1. Die Beeren vorsichtig abbrausen, trocknen und etwas mehr als die Hälfte davon mit einem Pürierstab fein pürieren.

2. In einer Rührschüssel den Mascarpone mit der Buttermilch und dem Puderzucker cremig rühren.

3. Die Löffelbiskuit-Stangen in grobe Stücke brechen.

4. Die Hälfte des Mascarpones auf die Gläser verteilen. Darauf die Löffelbiskuit-Krümel und die Beerensoße geben. Darauf folgt dann die restliche Mascarpone-Creme. Zum Schluss die Creme mit den übrigen Beeren und frischen Minzblättern dekorieren.

5. Im Kühlschrank mindestens 1 Stunde kalt stellen.

MANGO-QUINOA-SOMMERROLLEN
mit Cashew-Limetten-Dip

Zutaten

Für die Sommerrollen:

- ✓ 100 g Quinoa
- ✓ ½ TL Salz
- ✓ 1 EL Olivenöl
- ✓ 150 g Rotkohl, ohne Strunk
- ✓ 2 Stiele Koriander
- ✓ 1 Limette
- ✓ 1 EL Sojasoße
- ✓ ½ Mango
- ✓ ½ Gurke (200 g)
- ✓ 2 Frühlingszwiebeln
- ✓ 8 mittelgroße Salatblätter
- ✓ 8 Reisblätter (22 cm ø)
- ✓ 50 g Brokkoli-Sprossen

Für den Dip:

- ✓ 250 g Magerquark
- ✓ 1 Frühlingszwiebel
- ✓ 25 g Cashewkerne
- ✓ 2 FL Limettensaft
- ✓ Salz und Pfeffer nach Geschmack

Außerdem:

- ✓ 1 EL gerösteter Sesam

 für 2 Gläser à 500 ml

Zubereitung

1. Quinoa in einem Topf mit 200 ml Wasser und dem Salz zum Kochen bringen. 12–15 Minuten auf kleiner Flamme köcheln lassen, bis die gesamte Flüssigkeit aufgenommen wurde. Das Olivenöl unter den Quinoa rühren und vollständig auskühlen lassen.

2. Für den Dip den Quark in einer Schüssel cremig rühren. Die Frühlingszwiebel fein und die Cashewkerne grob hacken. Anschließend die Frühlingszwiebel, die Cashewkerne und den Limettensaft zum Quark geben und gut verrühren. Den Dip nach Geschmack mit Salz und Pfeffer abschmecken und im Kühlschrank kalt stellen.

3. Den Rotkohl waschen, in feine Streifen schneiden. Den Koriander waschen, trocken tupfen und fein hacken. Beides zusammen mit dem Saft einer halben Limette und der Sojasoße vermischen und ziehen lassen. Die Mango schälen und zusammen mit der Gurke in feine Streifen schneiden. Die Frühlingszwiebeln in feine Ringe schneiden. Die Salatblätter waschen und trocknen schleudern.

4. Die Reisblätter nacheinander auf einen Teller mit lauwarmem Wasser legen und quellen lassen. Die Blätter werden dadurch weich und bekommen eine gelartige Struktur.

5. Ein feuchtes Küchentuch auf einer Arbeitsplatte auslegen und ein Reisblatt darauflegen. Das Reisblatt am unteren Drittel gleichmäßig mit Quinoa, Rotkohl, Mango- und Gurkenstreifen, Frühlingszwiebeln, einem Salatblatt und Brokkoli-Sprossen belegen.

6. Die Seitenränder des Reisblattes links und rechts einschlagen und anschließend mit leichtem Druck aufrollen.

7. Die Sommerrollen mit geröstetem Sesam bestreuen, halbieren und auf 2 Gläser verteilen. Dazu den Dip servieren.

CURRY-BANANEN-
Kürbis-Suppe

Zutaten

Für die Kürbissuppe:

- ✓ 1 Hokkaido-Kürbis (950 g)
- ✓ 1 Kochbanane (280 g)
- ✓ 1 kleine Zwiebel
- ✓ 2 EL Olivenöl
- ✓ 1 TL Kurkuma
- ✓ 1 TL Curry
- ✓ ½ TL Kreuzkümmel
- ✓ 1 Messerspitze Muskatnuss
- ✓ 750 ml Gemüsebrühe
- ✓ 125 ml Kokosmilch
- ✓ Salz und Pfeffer zum Abschmecken

Für die Bananenchips:

- ✓ 1 Kochbanane
- ✓ Sonnenblumenöl zum Ausbacken
- ✓ 1 TL Paprikapulver
- ✓ Salz

für 3 Gläser à 500 ml

Zubereitung

1. Für die Kürbissuppe den Hokkaido-Kürbis waschen, putzen, halbieren und die Kerne mit einem Löffel entfernen. Den Kürbis grob würfeln.

2. Die Kochbanane schälen und in grobe Stücke schneiden. Die Zwiebel schälen und fein würfeln.

3. Olivenöl in einem Topf erhitzen. Zwiebel- und Kürbiswürfel sowie die Kochbanane darin andünsten.

4. Mit Kurkuma, Curry, Kreuzkümmel sowie Muskatnuss würzen und mit Gemüsebrühe und Kokosmilch aufgießen.

5. Die Suppe aufkochen lassen und bei geschlossenem Deckel bei mittlerer Hitze 20 Minuten köcheln lassen.

6. In der Zwischenzeit die Kochbanane für die Bananenchips schälen und in dünne Scheiben schneiden. Sonnenblumen-öl in einer Pfanne erhitzen und die Bananenscheiben darin von beiden Seiten goldbraun backen.

7. Die knusprigen Chips auf einem Teller mit Küchenkrepp abtropfen lassen, anschließend in eine Schüssel geben und mit Paprikapulver und Salz würzen.

8. Die Kürbissuppe fein pürieren, mit Salz und Pfeffer ab-schmecken und mit Bananenchips servieren.

Tipp

Die Bananenchips lassen sich auch wunderbar zwischendurch snacken. Also am besten gleich mehr davon zubereiten.

SCHOKO-OVERNIGHT-OATS
mit Heidelbeeren

Zutaten

- ✓ 4 getrocknete Datteln, entsteint
- ✓ 50 g Zartbitterschokolade
- ✓ 75 g kernige Haferflocken
- ✓ 1 TL geschrotete Leinsamen
- ✓ 1 TL Kakao-Nibs
- ✓ 250 ml Schoko-Soja-Drink

Außerdem:

- ✓ 75 g Heidelbeeren
- ✓ 25 g Cashewkerne

 für 1 Glas à 500 ml

Zubereitung

1. Die Datteln fein und die Zartbitterschokolade grob hacken.
2. Anschließend Datteln, Zartbitterschokolade, Haferflocken, Leinsamen und Kakao-Nibs in ein großes Glas füllen und mit dem Schoko-Soja-Drink aufgießen.
3. Das Glas gut verschließen und im Kühlschrank über Nacht kalt stellen.
4. Am nächsten Morgen mit den gewaschenen Heidelbeeren und den Cashewkernen bestreuen und genießen.

ÜBER DIE *Autorin*

SABRINA SUE DANIELS

Foodie, Frühaufsteherin und Fotografin aus Leiden-
schaft – diese Begriffe beschreiben Sabrina Sue
Daniels wohl am besten. Nach ihrem Archäologie-
studium fand sie über Umwege zur Fotografie,
absolvierte erfolgreich eine Ausbildung und betreibt
seit 2013 ihren Foodblog www.sabrinasue.de. Mit
üppig inszenierten Fotos, leuchtenden Farben und
kreativen Rezepten verführt sie ihre Leser regel-
mäßig zum gesunden Schlemmen.

WEITERE BÜCHER
von Sabrina Sue Daniels

SUPERSNACKS & POWERFOOD

Gesunde Rezepte für Frühstück,
Lunchbox und Zwischendurch

144 Seiten, 20 x 23,5 cm
ISBN 978-3-86355-476-7
14,99 €

**GLUTENFREI BACKEN
SÜSS UND HERZHAFT**

50 Rezepte für Kuchen,
Kekse, Brot & mehr

128 Seiten, 20 x 23,5 cm
ISBN 978-3-86355-566-5
16,99 €